Josef Dirnbeck
Der Himmel ist offen

Josef Dirnbeck

Der Himmel ist offen

MEDITATIONEN
UND GEBETE

Tyrolia-Verlag · Innsbruck-Wien

Mitglied der Verlagsgruppe „engagement"

2015
© Verlagsanstalt Tyrolia, Innsbruck
Umschlaggestaltung: stadthaus 38
Layout und digitale Gestaltung: Tyrolia-Verlag
Druck und Bindung: Alcione, Lavis (I)
ISBN 978-3-7022-3476-8
E-Mail: buchverlag@tyrolia.at
Internet: www.tyrolia-verlag.at

Inhalt

Vorwort 8

Spuren im Sternenstaub

Mutter Erde 12
Stein und Leben 13
Steter Tropfen 14
Die Helle im Dunkel. 15
Himmelfahrt 16
Der Himmel ist offen 17
Spiel der Schöpfung 19
Gefangener Traum 20
Sonnenaufgang. 21
Frage und Antwort 22
Hab den Mut des Tropfens. 23
Gut Ding braucht Reife 24

Worte wie Pflugscharen

Rose und Stacheldraht 26
Diskurs an der Mauer 27
Ostern ist da 29
Eine kleine Wortspende 31
Worte wie Pflugscharen 35

Die Kunst, kein Pharisäer zu sein
So sollst du beten 40
So darfst du hoffen. 44
So kannst du leben 47

Ein hörendes Herz
Unfassbar 52
Ein hörendes Herz 59
Kalte Lava 60

Jesus und kein Ende
Jesus und kein Ende 66
Der Geist verändert die Welt. 69
Löscht den Geist nicht aus 71
Wenn wir vollkommen wären 72
Selig der Mensch 73
Werkzeuge des Friedens. 77
Alt und neu 78
Der Bezugspunkt 79
Wo er sich zeigt 80
Der Weg zu Gott 81
Der Beistand. 82
Der verlorene Bruder 83
Klug oder dumm 84
Was Jesus selig preist. 85
Passender Name 86
Anstößiger Satz 87

Sehen und doch nicht sehen
Stell dir vor 90
Schon entschieden 92
Irren ist christlich 93
Wie weit du kommst 94
Späte Selbsterkenntnis 95
Sehen und doch nicht sehen 96
Je größer der Balken 97
Wer das Gesetz erfüllt. 98
Sei nicht ungläubig. 99
Lebenslängliche Mühe 100

Du gehst nicht zugrunde
Fürchte dich nicht 102
Das Beste kommt noch 104
Ich höre den Ruf 106
Wo alles Licht ist 110
Du gehst nicht zugrunde 111

Vorwort

Der Mensch lebt nicht vom Brot allein. Er braucht auch Nahrung für die Seele. Allerdings nützt es wenig, die Bibel zu lesen, wenn man am Ende nur „Bahnhof" versteht. In der Apostelgeschichte wird erzählt, dass der Diakon Philippus einem Ausländer begegnet, der gerade den Propheten Jesaja studiert. Auf die Frage, ob er auch versteht, was er liest, antwortet der Kämmerer der äthiopischen Königin: „Wie könnte ich es, wenn mich niemand anleitet?"

Anleitungen zum besseren Verständnis religiöser Inhalte geben – das war das erklärte Ziel jener Meditationstexte, die Martin Gutl und ich kurz nach Ende des Konzils zu schreiben begannen. Das, was wir damals in jugendlichem Schwung zu Papier gebracht haben, wurde von vielen Lesern als erhellend und wegweisend empfunden.

Mehr als vierzig Jahre sind vergangen, seit das Buch „Ich begann zu beten" erschienen ist. Inzwischen hat sich vieles verändert. Die Gemeinden sind nicht mehr so lebendig wie in jener Aufbruchszeit und auch der Frömmigkeitsstil der Gläubigen ist nicht mehr derselbe. Insofern hätte eine simple Neuauflage alter Bücher wenig Sinn.

Dem vielfach an mich herangetragenen Wunsch, ich möge doch endlich wieder einmal „solche Texte" veröffentlichen, bin ich nachgekommen, indem ich nun Texte vorlege, die ich eigens für diese Ausgabe geschrieben habe, zusammen mit kritisch gesichteten und behutsam redigierten älteren Texten, die bereits da oder dort publiziert worden sind. Ich habe mich also für die Vorgehensweise des „Hausvaters" entschieden, von dem Jesus sagt, dass er „aus seinem reichen Vorrat Altes und Neues hervorholt", und hoffe, dass mein Buch möglichst vielen Menschen eine Hilfe sein kann.

Josef Dirnbeck

Spuren im Sternenstaub

Mutter Erde

Sie ist nicht
der Mittelpunkt der Welt,
um den sich alles dreht.

Sie ist eine winzige Insel
im lebensfeindlichen Meer
aus Dunkel und Kälte.

Sie fragt nicht,
sie klagt nicht.
Sie breitet ihre Hände aus.

Sie
gibt und gibt
und gibt.

Stein und Leben

Wo Land ist,
war Wasser.
Wo Stein ist,
war Leben.

Schmelztiegel Erde.
Es bleibt kein Stein
auf dem andern.

Wo Leben ist,
wird Stein.
Wo Stein ist,
wird Leben.

Steter Tropfen

Steter Tropfen
hat seit Millionen von Jahren
Steine gehöhlt,
Wälder bewässert,
Flüsse bewegt,
Meere gefüllt.

Steter Tropfen
sah Pyramiden und Reiche
kommen und gehen,
sah Türme und Bäume
zum Himmel wachsen,
sah Lagerfeuer und Hochöfen,
Hochzeiten und Bomben.

Steter Tropfen
kennt Krieg und Frieden,
Lustschrei und Klage,
Hymnengesang und Verstummen.

Steter Tropfen
hat unseren Müttern und Vätern
den Durst gelöscht
und wird auch die Blumen
auf unseren Gräbern
benetzen.

Die Helle im Dunkel

Wie kommt es,
dass wir ganz unten
in der tiefsten Tiefe
des Brunnens,
dessen dunkles Wasser
das Licht der Welt
noch niemals erblickt hat,
die Helle des Himmels
entdecken?

Himmelfahrt

Das blitzschnelle Licht
braucht Millionen von Jahren,
um durch das Weltall zu reisen.

Für die Seele
ist es ein Katzensprung,
in den Himmel zu fliegen.

Der Himmel ist offen

Unten
die Nacht
über den Bergen.

Oben
der gestirnte
Himmel.

Die schöne Welt
spiegelt
die schönere.

Die Berge schweigen
im Gleichklang
mit den unendlichen Räumen.

Betenden Mönchen gleich
bieten die Sterne
der Stille die Stirn.

Der Mond prahlt
mit dem Feuer
der Sonne.

Die Sonnen sind längst
ins Land der Spiralen gepilgert,
um als unscheinbare
Nebelleuchten zu dienen.

Je mehr sich der Blick weitet,
desto weniger
erblickt das Auge.

Im Grund ist das Dunkel
nichts als davongepilgerte Helle,
die endlich ans Ziel kam.

Die Finsternis
ist so unsichtbar
wie das Licht.

Zuletzt kennt
der gefesselte Blick
keine Grenzen mehr.

Der Himmel
ist offen.

Das Niemandsland
wird zum
Heimatland.

Spiel der Schöpfung

Der Sternenstaub
kann es nicht fassen.

Null
zu Null.

Und ein Sturm
der Begeisterung.

Ohne
Ende.

Gefangener Traum

Keiner kann sehnsüchtiger
warten als du,
du ungehobener Schatz,
keiner bitterer
klagen als du,
du vergessenes Lied,
du verstummtes Gerücht,
du gefangener Traum.

Komm,
werde wahr,
verbreite dich
wie ein Lauffeuer,
erklinge,
erstrahle,
sprudle,
belebe!

Deine Stunde
ist da.

Sonnenaufgang

Wie du auftauchst
aus dem Nichtschwall
in den Lichtschwall.

Wie du
das Finsterblut
wegtrinkst.

Wie dir
der Heiligenschein
wächst.

Wie du dich
ins All schmetterst,
du Lichtfanfare.

Frage und Antwort

Warum immer
nach Antworten suchen,
wenn in Wahrheit
das Fragen
die Antwort ist?

Hab den Mut des Tropfens

Hab den Mut des Tropfens,
der am heißen Stein
verzischt.

Hab die Wut der Träne,
die das Bild des Leids
verwischt.

Wisch das Blut, die Tränen,
bis die Glut des Steins
erlischt.

Gut Ding braucht Reife

Wachsen ist schön,
gedeihen ist schöner,
doch gut Ding
braucht Reife.

Begreife,
die Reife
wird dir geschenkt,
doch du musst sie
erringen.

Worte wie Pflugscharen

Rose und Stacheldraht

Weil Dornen stechen,
glauben die Zudringlichen,
sie hätten begriffen,
was eine Rose ist,
und sagen zur Rose:
„Du bist abweisend",
statt sich selber zu sagen:
„Ich war zudringlich."

Weil Stacheln wehtun,
glauben die Ängstlichen,
sie hätten begriffen,
was eine Rose ist,
und sagen zur Rose,
die sie mit Stacheldraht
eingeschnürt haben:
„Jetzt bist du geschützt."

Weil Stacheldraht wehtut,
hoffen die Leidenden,
sie würden begreifen,
was eine Rose ist,
und sagen zum Stacheldraht:
„Unsere Hoffnung ist,
dass selbst aus dir noch
eine Rose erblüht."

Diskurs an der Mauer

„Das Leben nennt der Derwisch eine Reise ..."
(Heinrich von Kleist, aus: „Prinz Friedrich von Homburg")

Und als der Prinz und der Derwisch
an die Mauer kamen,
da hielten sie inne.

„Das Leben", sagte der Derwisch,
„ist eine Reise:
du darfst nicht stillstehen."

„Aber nein", sagte der Prinz,
„das Leben ist eine Reise,
du musst es genießen."

„Das Leben", sagte der Derwisch,
„ist ein phantasievolles Spiel:
lass dich von ihm überraschen."

„Nicht doch", sagte der Prinz,
„das Leben ist ein Spiel,
du bestimmst seine Regeln."

„Das Leben", sagte der Derwisch,
„ist ein unfassbares Geheimnis:
du musst vor ihm knien."

„Nein, bei ihm liegen", sagte der Prinz,
„das Leben hat blonde Haare
und einen roten Mund."

„Das Leben", sagte der Derwisch,
„ist wie diese Mauer:
sie zeigt dir deine Grenzen."

„Du hast Recht", sagte der Prinz,
„das Leben ist eine Mauer,
du musst durch sie durch."

Ostern ist da

Alles auf der Welt
sagt dem Menschen:
„Ostern ist da!"

Aber der Mensch
bleibt skeptisch und sagt:
„Ich weiß, was ich weiß,
und glaube nur, was ich sehe."

Da kann die Welt nur lachen
und sagt: „Na bitte, dann mach
deine Augen doch auf!"

Alles, was blüht und wächst,
zeigt, dass nicht der Tod
das Letzte ist, sondern das Leben.

Die Kaulquappe wird Frosch.
Die Raupe entpuppt sich
als prächtiger Schmetterling.
Der Same, der stirbt,
lebt als Frucht.

Wäre der Mensch am Ende
der einzige auf der Welt,
für den mit dem Tod
alles aus ist?

Aber der Mensch
bleibt skeptisch und sagt:
„Die Zukunft ist dunkel.
Wer weiß, was dann sein wird.
Zu sehen ist nur das Ende,
der Ausgang bleibt offen."

Da lacht die Welt wieder und sagt:
„Sei froh, dass es so ist, wie du sagst!
Der Ausgang bleibt *offen*,
und durch den offenen Ausgang
bricht das Licht
am Ende des Tunnels."

Eine kleine Wortspende

„Was fällt Ihnen zum Thema Hoffnung ein?",
fragte die Dame vom Rundfunk
und hielt mir ihr Mikrophon vor die Nase.

Ich antwortete nicht sofort,
sondern dachte nach,
was ich auf eine so schwierige Frage
antworten könnte.

Ich wollte die Hoffnung
der Reporterin nicht enttäuschen,
die sich etwas Originelles erwartete,
eine pointierte Formulierung,
kurz und bündig wie ein Werbespot.

„Sie müssen kein dickes Buch
darüber schreiben",
sagte die Journalistin.
„Im Gegenteil,
in der Kürze liegt die Würze!"

„Ich weiß", erwiderte ich
und schwieg wieder.
Denn das, was mir spontan eingefallen war,
wäre keine gute Antwort gewesen.
Ich hätte es nicht sagen können,
ohne sofort dazusagen zu müssen,
wie ich es meine.

Es wäre allzu missverständlich gewesen,
hätte ich einfach gesagt:
„Hoffen heißt einen Baum aufstellen!"

Einen Baum aufstellen
kann nämlich auch
etwas sehr Hoffnungsloses sein.

„Antworten Sie ganz spontan!",
sagte die Dame vom Rundfunk,
tapfer bemüht, mir doch noch
eine Wortspende zu entlocken.

„Hoffen", sagte ich und räusperte mich,
„hoffen heißt einen Baum aufstellen ..."

Die Dame nickte begeistert,
aber ich wusste nicht weiter.

Welche Worte sollte ich wählen,
um auszudrücken,
was damit gemeint ist:
dass es darum geht,
Grenzen zu setzen,
dem Wildwuchs zu wehren,
zu verhindern, dass die Bäume
in den Himmel wachsen,
aber gleichzeitig
mit allen Fasern des Herzens

nach vorne zu blicken,
emporzustreben
und sehr wohl dafür zu sorgen,
dass die richtigen Bäume
zum Himmel wachsen.

„Hoffen heißt hoffen",
hätte ich beinahe gesagt.
Aber das wäre leider
noch missverständlicher gewesen,
denn wer hofft,
der darf nicht einfach nur hoffen,
sondern er muss auch etwas *tun*.

„Halten Sie es vielleicht mit Luther?",
fragte mich die Journalistin,
um meinem Redefluss
den Weg freizuschaufeln.
„Weil Sie gesagt haben,
hoffen heißt *einen Baum* aufstellen.
Von Martin Luther stammt doch das Wort:
Wenn die Welt morgen untergeht,
dann würde ich heute noch
ein Apfelbäumchen pflanzen …"

„Nein", erwiderte ich,
„falls die Welt morgen untergeht,
dann möchte ich *morgen* noch
ein Apfelbäumchen pflanzen."

Die Dame vom Rundfunk
lächelte glücklich,
aber ich war noch nicht fertig.

„Vorausgesetzt, es gelänge,
an jenem Tag noch ein Bäumchen
zu bekommen", sagte ich.
„Den Spaten habe ich schon."

Worte wie Pflugscharen

1.
Solange wir leben,
reden wir miteinander.
Es fragt sich nur,
wie.

Meine Worte
können Schwerter
und Lanzen sein,
die verletzen
und vernichten.

Was ich sage,
kann aber auch
eine Pflugschar sein,
die aufschließt
und eröffnet.

Es liegt an mir,
ob ich mit meinen Worten
Mauern errichte –
oder ob ich
über Mauern springe.

2.

Meine Worte können
ein Balken sein,
der dem anderen
Halt gibt,
oder ein Balken,
der ihn erschlägt.

Worte können
wie Leitern sein:
Sind sie richtig aufgestellt,
können sie helfen,
in die Höhe zu kommen.
Werden sie quergelegt,
verwandeln sie sich
in Gitterstäbe.

Es gibt
eine Sprache,
die einkerkert,
und eine Sprache,
die befreit.

Es gibt
eine Sprache
der Macht
und es gibt
eine Sprache
der Liebe.

3.
Sage mir,
wie du sprichst,
und ich sage dir,
was für ein Mensch
du bist.

Nicht dort,
wo du
herumnörgelst
und einschüchterst;
nicht dort, wo du drohst,
sondern dort,
wo du tröstest,
bist du ein Mensch
und darfst es sein.

Nicht dann,
wenn du dreinfährst
und auftrumpfst;
nicht dann,
wenn du
polterst und donnerst,
bist du ein Ebenbild
deines Schöpfers,
sondern dann,
wenn du liebst.

Die Kunst, kein Pharisäer zu sein

So sollst du beten

Du willst beten?
Das ist schön von dir.
Aber du weißt nicht,
wie es geht?

Es ist kinderleicht.
Jesus hat uns vorgemacht,
wie man betet.
„So sollt ihr beten!",
hat er gesagt.

Aber Vorsicht!
Unser Herr und Meister
hat nicht gesagt:
„*Das* sollt ihr beten!"
Sondern er hat gesagt:
„*So* sollt ihr beten!"

Es genügt nicht,
dass du dem lieben Gott
einen schönen Text aufsagst
wie ein Kind bei der
Muttertagsfeier.

Du musst *leben*,
was du betest.
Verstehst du?

Erinnerst du dich,
was Petrus damals
zu hören bekam,
als er behauptete,
dass er Jesus nicht kenne?

Man sagte zu ihm:
„Merkst du denn nicht,
du Verräter, dass dich
deine *Sprache* verrät?"

Sieh zu, dass es dir,
wenn du betest,
nicht genauso ergeht.

Wenn du also
munter drauflos
zu beten anfängst
und großsprecherisch
„Vater unser" sagst,
ohne dass Gott für dich
wirklich der Inbegriff
dessen ist, was dich hält,
dann lügst du gleich
mit der ersten Silbe.

Nur wenn du Gott
von ganzem Herzen vertraust
und ihm zugetan bist

wie ein Kind, darfst du
„Vater" zu ihm sagen.

Du kannst natürlich
auch „Herr" oder „Boss"
zu ihm sagen,
wenn es dir Spaß macht.
Du darfst ihm sogar
selbst erfundene Namen geben.

Und du kannst ihm
alles sagen
und mit ihm so reden,
wie dir der Schnabel
gewachsen ist.

Aber wehe,
du meinst es
nicht ernst,
wenn du betest!

Lob ihn auf keinen Fall
nur mit den Lippen.
Das nimmt er dir übel.

Mit Schmeicheleien
kommst du bei ihm nicht durch.
Vergiss nicht:
Du musst *leben*,
was du betest.

Sonst ist dein Gebet
ein Hohn.

Aber nicht,
dass du dich jetzt
gar nicht mehr
anzufangen traust,
zum Vater zu beten.

Bete nur, bete!
Und dein Gebet
wird dir zeigen,
wie du leben sollst.

So darfst du hoffen

Du möchtest hoffen?
Das gelingt dir bestimmt.
Es ist nicht so schwer,
wie manche behaupten.

Hoffen ist keine Hexerei.
Du musst nur darauf achten,
ein paar Fehler zu vermeiden,
die von Anfängern
gern gemacht werden.

Wenn du wirklich hoffen willst,
dann verschwende bitte
deine Hoffenskraft in Hinkunft
nicht mehr für Nichtigkeiten.

Hoffe nicht
auf schönes Wetter,
auf Lottogewinn
und ähnlichen Unsinn.

Und hoffe bitte
nie mehr darauf,
dass dein Abflussrohr
ganz von selbst wieder aufhört,
verstopft zu sein.

Spare dir
deine Hoffnungsenergie
für wirklich wichtige Dinge.

Du wirst sie brauchen,
wenn du dich für eine Sache
ganz rückhaltlos einsetzen musst.

Du wirst kaum
ohne sie auskommen,
wenn du dich entschlossen hast,
daran zu arbeiten,
dass etwas anders wird,
von dem alle sagen,
das bleibt so.

Du wirst sie
bitter nötig haben,
wenn du etwas riskierst,
von dem alle sagen,
das geht doch nicht.
Und du bist doch wahnsinnig,
wenn du so etwas willst!

Aber in so einem Fall,
dem *Ernstfall*,
da hoffe bitte
ganz unerbittlich.

Hoffe blind!

Denn auf das, was man sieht
und was sowieso klar ist,
braucht man ja nicht
zu hoffen.

Hoffe blind,
doch nicht blindlings!

Hoffe so,
dass du dir immer sagen kannst:
Der liebe Gott
wird mich nicht blamieren,
wenn ich dieses versuche
und jenes riskiere!

Und sei sicher,
der liebe Gott
wird dich auch nicht blamieren.

Es sei denn,
du würdest dir
etwas erhoffen,
wo dann er
der Blamierte wäre,
wenn er es dir erfüllt.

So kannst du leben

Du möchtest ein Christ sein,
der diesen Namen auch verdient?
Ich finde es großartig,
dass du dir das vorgenommen hast.

Aber eins muss dir klar sein:
Mit dem guten Vorsatz allein
ist es leider nicht getan.

Sei nicht frustriert,
wenn es dir nicht
sofort gelingt.

Sogar großen Heiligen
ist es nicht auf Anhieb gelungen.

Kein spiritueller
Marathonläufer
ist jemals als Meister
vom Himmel gefallen.

Wirf also die Flinte
nicht allzu früh ins Korn.

Aber mach dir
so früh wie möglich klar,
was genau das Ziel ist,
das du erreichen sollst.

Dem entsprechend
musst du dann handeln.

Und vergiss nicht:
Fromm tun ist leicht,
aber fromm handeln
ist etwas anderes!

Du musst dich
in der Kunst üben,
kein Pharisäer zu sein.

Wenn du dich also mit Recht
einen Christen nennen willst,
dann handle so,
dass das, was du tust,
nicht nur gut ist,
sondern auch andere anspornt,
das Gute zu tun.

Handle so,
dass du mit dem,
was du tust,
anderen ein Vorbild
sein kannst.

Handle so,
dass dir ein anderer,
falls er sehen könnte,
wie du im Verborgenen

Gutes tust,
im Grunde bewundernd
auf die Schulter klopfen müsste.

Aber wenn es geschieht –
und es klopft dir einer
tatsächlich auf die Schulter
und sagt zu dir,
wie toll er findet,
was du gemacht hast,
dann blas um Gottes willen
nicht deine Backen auf,
sondern sag ehrlichen Herzens:
„Ach was, ich habe doch nur
meine Pflicht getan …"

Denn wenn nicht,
dann handelst du so,
dass du ab sofort
kein Recht mehr hättest,
dich einen Christen zu nennen.

Mit deiner Selbstgerechtigkeit
würdest du all das Gute,
das du getan hast, entwerten.

Wenn du stolz darauf bist,
dass du Gutes tust,
gibt es keinen Grund mehr,
auf etwas stolz zu sein.

Sieh also zu, dass es dir gelingt,
dich nie ins Rampenlicht zu stellen,
aber stets herzeigbar zu handeln.

Dann wärst du ein Christ,
der so lebt, wie er müsste,
und der sich tatsächlich mit Recht
einen Christen nennen darf.

Ein hörendes Herz

Unfassbar

Herr!
Du weißt, was passiert ist.
Menschen sind umgekommen,
so viele unschuldige Menschen.
Und du hast es zugelassen.

In was für einer Welt
leben wir bloß!
Ist das deine Schöpfung,
die du für gut befunden hast?

Aber warum muss das alles
so sein, wie es ist?
Warum müssen nach wie vor
Unschuldige sterben?

Ich weiß, die Frage ist nicht neu,
aber diese uralte Frage
stellt sich eben
immer wieder von neuem.

Warum diese heutige Katastrophe?
Warum *überhaupt* Katastrophen,
warum das Leid und die Qualen?

Du bist doch keiner,
der es nötig hat,
die Menschen einzuschüchtern

durch Blitz und Donner,
Seuchen und Apokalypsen.

Du bist doch kein
Blitzeschleuderer alten Stils,
kein Spektakelgott,
der mit der Schöpfung jongliert,
kein apokalyptischer Akrobat!

Oder doch?
Nein, bist du *nicht*!

Die lärmende Art,
das dreinfahrende Wesen,
das Donnergrollen
sind nicht dein Kostüm.

Zu dir, dem liebenden Vater,
der seine verlorenen Söhne
überreich bewirtet,
passt eher die Zärtlichkeit
eines sanften Säuselns –
und nicht das Feuer,
das Erdbeben,
der Taifun,
der Tsunami.

Lärmen und dreinfahren
kann jeder Tyrann.
Missliebige einfach feuern,

herumbrüllen und in den
Kontrollierwahn verfallen –
das schafft jeder Chef.
Wo bliebe da deine Überlegenheit?

Und trotzdem, Herr,
die heutige Katastrophe
lässt mich wieder fragen:
Wieso lässt du das zu?

Dieses Ungeheuerliche.
Dieses Unvorstellbare.
Dieses Leid.
Dieses Elend.
Wieso?

Willst du uns glauben machen,
du seiest gar kein liebender Gott,
sondern ein abgefeimter Zyniker,
der sein spöttisches Spiel
mit uns treibt?

Nein, Herr!
Diese perversen Gottesbilder
lasse ich mir
von niemandem einreden.

Käme ein Engel vom Himmel
und predigte dich als den
unberechenbaren Despoten,

als den allmächtigen Tyrannen,
als senil gewordenen
großen Vorsitzenden,
der nicht mehr weiß, was er will –
ich erwiderte ihm:
„Engel, du lügst!"

Unberechenbar – ja,
aber Despot – nein!
Allmächtig – sehr wohl,
aber kein Tyrann!
Großer Vorsitzender?
Meinetwegen!
Aber kein vertrottelter Greis,
vielleicht noch mit wallendem
weißen Bart ...

Herr!
Merkst du eigentlich,
wie sehr ich mich bemühe,
dich vor dir selbst
in Schutz zu nehmen?

Als ob ich dein Anwalt wäre,
dein Pflichtverteidiger,
weil du schweigst.
Oder weil du zu vornehm bist,
dich auf so plumpe Vorwürfe hin
selbst zu rechtfertigen.

Nehmen wir einmal an,
diese Katastrophe von heute
wäre dein Engel.

Sie verkündet aller Welt:
„Gott ist einer,
der Unschuldige abmurkst!"
Und ich entgegne ihr: „Nein!"
Aber den Gegenbeweis
kann ich nicht antreten.

Merkst du nicht,
wie du alle blamierst,
die an dich als den Gütigen glauben
und sich weigern,
in dir ein himmlisches
Scheusal zu sehen?

Die Indizien sprechen gegen dich,
und du verteidigst dich nicht.
Und langsam frage ich mich,
ob ich dich noch lange
verteidigen kann,
denn heimlich fürchte ich,
dass du mir unheimlich wirst.

Herr, ich weiß,
dass auf diese Fragen
die Vernunft zur Antwort nicht taugt.

Trotzdem versuchen wir
immer wieder von neuem,
eine vernünftige Antwort zu finden,
und scheitern daran
immer von neuem.

Du lässt die Katastrophen zu,
sagen wir –
beziehungsweise werfen wir dir vor!

Aber uns
lässt du doch auch zu!

Herr, lass nicht zu,
dass *wir* nicht zulassen wollen,
dass du zulässt,
was immer du zulassen willst –
denn dies tun wir ja nur,
um dich einzuengen,
damit wir dich besser begreifen.

Herr, lass nicht zu,
dass wir nicht hinnehmen wollen,
dass du der Unbegreifliche bist.

So unbegreiflich es ist,
dass du den Tod
von Unschuldigen zulässt,
genauso unbegreiflich
ist es doch auch,

dass du selber
ein Mensch werden wolltest,
der unschuldig starb.

Du Mensch gewordener,
leidender Gott!
Mit der Vernunft
begreifen wir gar nichts.
Aber dass einer, der zu uns kommt,
um mit uns zu leiden,
Mitleid mit uns hat –
und dass einer,
der Mitleid mit uns hat,
uns *liebt*, das begreifen wir schon!

Und darum, bitte, lass zu,
dass wir dich lieben,
damit wir sagen können:
Du hast gegeben,
du hast genommen,
wir lieben dich trotzdem!

Ein hörendes Herz

Im Lärm der Motoren
vergessen wir leicht,
wo der *wahre* „Motor" –
das heißt „der, der bewegt" – ist.

Darum bitten wir dich,
der du größer bist
als unser Herz.

Verleihe uns
ein hörendes Herz,
damit wir jederzeit spüren,
was allein wichtig ist,
und unser Herz
nicht an Dinge hängen,
von denen kein Stein
auf dem anderen bleibt,
und die, selbst wenn sie
mit rostfreiem Stahl
und mit Mottenkugeln
gesichert sind,
letztendlich doch
in Asche zerfallen.

Kalte Lava

Wenn uns die Naturwissenschaftler
keine Märchen erzählen,
dann leben wir
auf einer abgekühlten Feuerkugel.

Im Innern ist es noch heiß:
siehe gelegentliche Vulkaneruptionen,
siehe Geysire und dergleichen.

Aber an der Oberfläche
ist das feurig-flüssige Zeug
schon erstarrt
zu Gestein und Metall.

Zum Glück für das Leben!
Das hätte sich sonst
nie und nimmer entwickelt
auf diesem Planeten.

Andererseits zehrt dieses Leben,
zehren *wir* noch immer
vom Feuer des Anfangs.

Ist das nicht wunderbar,
Herr?

Wir leben auf kalter Lava,
sonst könnten wir gar nicht leben,

und uns wärmt noch
die Glut der heißen!

Aber ist es nicht auch schrecklich?
Das Feuer des Anfangs
verlischt immer mehr,
die Liebe erkaltet.

Was noch flüssig war,
wird starr,
verknöchert,
versteinert.

Und auf diesen Felsen
willst du deine Kirche bauen?

Kalte Lava
ist doch etwas Tödliches!

Wie sollen wir glauben,
dass die Kirche dein Leib ist,
dein Fleisch und Blut,
wenn du uns zusehen lässt,
wie alles versteinert.

Die Vulkanausbrüche
sind selten geworden.
Der Sinai wirft
keine Feuersäule mehr aus.

Wir sind schon froh,
wenn wir so etwas auf Bildern sehen
oder Menschen davon erzählen hören,
die das noch selber erlebten.

Ich weiß schon, Herr,
dass ich nicht so pessimistisch sein soll,
nicht so furchtsam und kleingläubig.

Aber fische du einmal
eine Nacht lang
immer mit der gleichen Geduld,
der gleichen Hingabe,
dem gleichen Elan,
ohne dass du etwas fängst,
dann wirst du schon sehen,
wie das ist!

Dieser Stillstand,
dieses Auf-der-Stelle-Treten,
diese tödliche Ruhe.

Ruhen in dir,
das wollen wir schon,
aber nicht so –
nicht schon jetzt!

Jetzt kannst du ruhig
unser Herz noch ein bisschen
unruhig sein lassen,
wir bitten darum!

Sei unter uns,
wo zwei oder drei
in deinem Namen versammelt sind,
du Vulkanausbruch!

Komm, Feuerzunge!
Reformier den Kalender!
Schieb ein Pfingsten ein
in unsern Alltagstrott!

Beende den Stillstand!
Sende uns!
Mach uns Beine!

Jesus und kein Ende

Jesus und kein Ende

Sie standen.
Er hing.

Sie standen
es durch.

Die ihn verstanden
und zu ihm standen,
standen bei ihm,
als sein Leben verging.

Die ihr Kreuz mit ihm hatten,
hatten ihn ans Kreuz
bringen lassen,
um sich von ihm
nicht ihre Pläne
durchkreuzen zu lassen.

Sein Ende
sollte der Anfang
eines Umdenkens werden.

Jedem sollte klar sein:
Auf ein Aufstehen zu hoffen
ist vollkommen sinnlos.
Wer es wagt, zu ihm zu stehen,
dem wird es bald gehen wie ihm.

Für seine Feinde
war der Fall klar:
Der befürchtete Aufstand
hatte *nicht* stattgefunden.

Die Toten hatten
um einen Mann mehr –
und die Aufständischen
um einen weniger.

Für die, die ihn liebten,
war der Fall ebenfalls klar:
Sie liebten ihn
auch *nach* seinem Tod.

Seine Nachfolger folgten ihm nach.
Aber nicht in das Grab hinein,
sondern aus dem Grab heraus.

Sie standen auf.

Der befürchtete Aufstand,
fand zu guter Letzt
doch noch statt.

Sie standen auf
und konnten nicht schweigen
und ließen sich
den Mund nicht verbieten.

Sie ließen sich schlagen,
anspucken, auspeitschen
und von Löwen zerfleischen,
als wäre die Furcht
ein Fremdwort für sie.

Weil sie nicht
vor den Mächtigen zitterten,
zitterten die Mächtigen
vor den Ohnmächtigen.

Seine Feinde
sollten Recht behalten:
Sein Ende wurde tatsächlich
der Anfang eines Umdenkens.

Der *Anfang*,
nicht das Ende.

Der Geist verändert die Welt

Am Pfingstwochenende
ändert sich plötzlich
die Großwetterlage.

Die Zeichen
stehen auf Sturm
und Feuer fällt
vom Himmel herunter.

Aber die Welt
geht nicht unter.
Etwas Neues beginnt.

Der Geist,
der alles verändert,
ist unsichtbar
wie der Wind.

Wie gewaltig er weht,
merkt man an dem,
was er bewirkt.

Ängstliche und Zaghafte
werden mutig wie Löwen.

Kleinlaute
erheben ihre Stimme.

Unterdrückte
werden aufmüpfig.

Geknechtete beginnen
Gott mehr zu gehorchen
als den Menschen.

Aus Wildfremden
werden Blutsverwandte.

Menschen aus
aller Herren Länder
werden eins
in dem einen Herrn.

Löscht den Geist nicht aus

„Löscht den Geist nicht aus!
Verachtet prophetisches Reden nicht!
Prüft alles, und behaltet das Gute!"
(1 Thess 5,19–21)

Wenn Paulus sagt:
„Löscht den Geist nicht aus",
muss er damit gerechnet haben,
dass es in der Kirche Leute gibt,
die das Wirken des Geistes
zu torpedieren versuchen.

Wenn Paulus so eindringlich mahnt:
„Verachtet prophetisches Reden nicht",
war ihm zweifellos bewusst,
dass es in der Kirche Leute gibt,
denen prophetisches Reden
gegen den Strich geht.

Wenn Paulus empfiehlt:
„Prüft alles, und behaltet das Gute",
hat ihn offenbar der Gedanke gequält,
dass es in der Kirche Leute gibt,
denen die Erhaltung ihrer Vorurteile
wichtiger ist als die Qualität.

Wenn wir vollkommen wären

Wenn wir vollkommen wären,
hätten wir einander nicht nötig.

Weil wir schwach sind,
brauchen wir Anerkennung.
Weil wir Fehler haben,
brauchen wir Verständnis.
Weil wir unsicher sind,
möchten wir akzeptiert werden.

Weil wir wandelbar sind,
können wir einander verwandeln.
Weil wir unvollkommen sind,
können wir einander lieben.

Wenn wir vollkommen wären,
hätten wir einander nicht nötig.

Selig der Mensch

1.
Selig der Mensch,
der stets daran denkt,
dass jeder Mensch auf der Welt
dieselbe Würde hat
wie er selber.

Er gleicht einem Baum,
der am Wasser gepflanzt ist,
einem Fels in der Brandung,
einem Leuchtturm im Meer.

Aber unselig alle,
die sich einbilden,
sie wären „gleicher"
als andere Menschen.

Sie gleichen der Ölpest,
die die Fische vergiftet.
Sie sind wie ein Regen
nach einem Reaktorunfall,
der auch noch nach Jahren
die Pilze und Beeren
des Waldes verstrahlt.

2.
Selig der Mensch,
der stets daran denkt,
dass alle Menschen
so sind wie er selber –
auch wenn sie nicht
so denken wie er,
anders glauben,
anders beten
und anders leben,
als er es gewohnt ist.

Er gleicht einer Distel,
die sich nicht besser vorkommt,
weil sie weniger Wasser
zum Leben braucht
als die Teichrose.

Und er gleicht
einer Teichrose,
die der Distel
nicht krumm nimmt,
dass sie trotzdem
wunderschön blüht,
obwohl sie *nicht* an Wasserbächen
gepflanzt ist.

3.
Selig sind alle,
die anderen Menschen
mit Achtung, Ehrfurcht
und Güte begegnen –
auch wenn diese ihnen
nicht mit Achtung, Ehrfurcht
und Güte begegnen.

Sie sind die Größten!
Denn sie gleichen
dem Größten.

Sie sind Ebenbilder
des himmlischen Vaters,
der seine Sonne
aufgehen lässt
über Gute und Böse,
über Gerechte und Sünder,
über Einsichtsvolle
und Unverbesserliche.

4.
Selig sind alle,
die nicht fragen,
was es ihnen bringt,
wenn sie tun,
was getan werden soll.

Menschen wie diese
sind Boten des Himmels.
Durch sie erhält
das namenlose Geheimnis,
das die Welt trägt und hält,
Adresse und Wohnsitz.

In ihnen bekommt
der verborgene Gott,
der uns glauben, hoffen
und lieben lässt,
Gestalt und Gesicht.

Werkzeuge des Friedens

Nicht die Beißzangen werden gebraucht,
sondern die Schraubenzieher;
nicht die Stichsägen,
sondern die Pinzetten.

Nicht die Hauen werden gebraucht,
sondern die Spaten;
nicht die Holzhämmer,
sondern die Feilen.

Nicht die Fernrohre werden gebraucht,
sondern das Mikroskop;
nicht Schwerter und Panzer,
sondern Traktoren und Pflugscharen.

Nicht Maschinen werden gebraucht,
sondern Menschen;
nicht Roboter,
sondern Herzen.

Alt und neu

Es sind nicht unbedingt
die schlechtesten Christen,
die neu zu denken beginnen,
weil ihnen
die alten Antworten
fraglich werden.

Am Alten festhalten
und trotzdem neu denken,
das ist der Weg,
den Jesus empfiehlt.

Der Bezugspunkt

Die Ordnung ist
für das Leben da,
und nicht das Leben
für die Ordnung.

Der Glaube ist nicht
für das Dogma da,
sondern das Dogma
für den Glauben.

Das Gebot ist
für die Liebe da,
und nicht wegen der
Liebe zum Gebieten.

Wo er sich zeigt

Wer sich von Gott
ein fertiges Bild macht,
nimmt sich die Chance,
ihn dort zu sehen,
wo er sich zeigt.

Der Weg zu Gott

Wenn sich die Sinne
an Gott herantasten,
merken sie, dass sie
nichts fassen können.

Wenn sich das Denken
an Gott heranwagt,
zerschellt es,
bevor es sein Ziel erreicht.

Zu Gott,
der die Liebe ist,
führt nur die Liebe
als einziger Weg.

Der Beistand

Der Beistand
des Heiligen Geistes
nimmt dem,
dem er beisteht,
die Mühe des Stehens
und Durchstehens
nicht ab.

Aber er erhöht
das Stehvermögen.

Der verlorene Bruder

Auch ein treuer Sohn
kann zu einem
verlorenen werden,
wenn er dem heimgekehrten
verlorenen Bruder
nicht vergeben will.

Klug oder dumm

Wenn man ganz genau wüsste,
dass man nicht zu den Dummen,
sondern zu den Klugen gehört,
wäre alles viel einfacher.

Das Dumme ist allerdings,
dass sich erst am Ende zeigt,
ob man zu den Klugen
oder Dummen gehört hat.

Wahrscheinlich ist es klüger,
mit der Dummheit zu rechnen.
Sich für sehr schlau zu halten
ist vermutlich das Dümmste.

Was Jesus selig preist

Die sich vollkommen vorkommen,
preist Jesus nicht selig.
Gerade die preist er selig,
die noch etwas vor sich haben.

Die sich nichts mehr wünschen,
preist Jesus nicht selig.
Gerade die preist er selig,
die voller Bedürfnisse sind.

Den Zustand der Zufriedenheit
preist Jesus nicht selig.
Gerade das preist er selig,
was nicht bleibt, wie es ist.

Passender Name

Menschen,
die andere Menschen
auf den Geschmack Gottes
zu bringen verstehen,
verdienen es,
„Salz der Erde" zu heißen.

Anstößiger Satz

„Wenn dich einer
auf die rechte
Wange schlägt,
dann halte ihm auch
die linke hin ..."

Manche meinen,
diesen anstößigen Satz
sollte man lieber
aus der Bibel streichen.

Nichts dagegen zu sagen,
dass man ihn streicht.
Aber erst dann,
wenn die Menschen
aufgehört haben,
einander zu schlagen.

Sehen und doch nicht sehen

Stell dir vor

Stell dir vor, was passiert,
wenn du dort, wo du lebst,
nicht mehr leben kannst.

Weil man dir die Freiheit nimmt,
so zu leben, wie du möchtest.
Weil du wegen deiner Hautfarbe
unerwünscht bist.
Oder weil du wegen deiner Religion
auf die Abschussliste kommst.

Wird es dir ergehen
wie Josef und Maria,
die mit ihrem Kind
nach Ägypten flüchten mussten,
weil ihnen Herodes
die Hölle heiß machte?

Oder ist in Ägypten
der Boden für dich
noch viel heißer?

Werden dich offene
Arme empfangen?
Oder wird man dir
mit verschränkten begegnen?

Selig bist du,
wenn du nicht hoffen musst,
dass man dann
zu dir menschlicher und
hilfsbereiter ist,
als du bereit bist zu sein!

Schon entschieden

Wenn du dich nicht
für die Umkehr entscheiden kannst,
hast du dich im Grunde
schon dafür entschieden,
dem Himmelreich
den Rücken zu kehren.

Irren ist christlich

Weil Irren menschlich ist,
ist es auch christlich.
Auf wie vielen Irrwegen
du auch gegangen sein magst,
zählt nicht vor Gott –
wenn du jetzt *richtig* gehst.

Dumm gewesen sein
ist halb so schlimm.
Dumm bleiben wollen
ist unverzeihlich!

Wie weit du kommst

Wie weit du kommst,
hängt nicht davon ab,
wie groß oder klein
dein Fahrzeug ist,
sondern von welcher Energie
dein Motor gespeist wird.

Späte Selbsterkenntnis

So mancher,
der sein Leben lang
auf der rechten Seite
zu stehen meinte,
wird sich wundern,
wenn er erkennt,
dass ihn sein Richter
am Ende mit Recht
ins linke Eck stellt.

Sehen und doch nicht sehen

Man muss nicht blind sein,
um danebenzutappen.
Es genügt durchaus
die Augen zu schließen.

Man muss nicht blind sein,
um sich zu täuschen.
Es genügt durchaus
sich blenden zu lassen.

Man muss nicht blind sein,
um schwarz zu sehen.
Es genügt durchaus
die Hoffnung zu begraben.

Je größer der Balken

Je größer der Balken
in deinem eigenen Auge,
desto heftiger der Anstoß,
den du am Splitter
im Auge des Bruders nimmst.

Wer das Gesetz erfüllt

Nicht der,
der den anderen belastet,
sondern der, der die Last
des anderen trägt,
erfüllt das Gesetz.

Sei nicht ungläubig

Sei getrost nüchtern,
sei getrost skeptisch!
Aber sei nicht ungläubig,
sondern gläubig.

Sei getrost begeistert,
sei getrost engagiert!
Aber sei nicht leichtgläubig,
sondern gläubig.

Sei getrost kritisch!
Aber sei offen.
Sei vorurteilsfrei,
sei gläubig!

Lebenslängliche Mühe

Freue dich nicht zu früh
über deine Erfolge.

Es ist nicht schlecht,
wenn du sehen kannst,
dass du Fortschritte
gemacht hast.

Aber du wirst
leider auch erkennen,
wie das Ideal
und die Wirklichkeit
Räuber und Gendarm
mit dir spielen.

Je näher du
dem Ziel zu sein meinst,
umso weiter
entfernt sich das Ziel von dir.

Christ sein
ist eine lebenslängliche Mühe.
Jeder, der es ehrlich meint,
wird zu guter Letzt einsehen,
dass er immer nur
ein Möchtegernchrist war.

Du gehst nicht zugrunde

Fürchte dich nicht

Fürchte dich nicht
in den Abgrund zu fallen.
Wo du auch bist,
sind seine Hände.

Fürchte dich nicht
vor der Zukunft.
Dein Schöpfer hat dich
nicht aus dem Nichts
ins Dasein gerufen,
um dich dann wieder
ins Nichts zu stoßen.

Fürchte dich nicht
vor der großen Enttäuschung,
denn du hast festen Grund
unter den Füßen.
Der, dem du glaubst,
ist treu und verlässlich.

Fürchte dich nicht
vor der Kälte,
denn die Liebe ist
ein feuriger Brand,
nichts kann sie löschen.

Fürchte dich nicht
vor dem Ende.
Deine Wunden
werden heilen
und deine Tränen
werden getrocknet.

Fürchte dich nicht
vor der Wende.
Deine Niederlagen
werden sich
in Siege verwandeln
und du wirst auferstehen.

Fürchte dich nicht
vor dem Auferstehen,
denn dich erwartet
Freude und Licht.

Das Beste kommt noch

Wenn du den Frieden gibst,
gibst du uns die Gewissheit,
dass von dem, was uns schmerzt,
nichts mehr da sein wird,
wenn wir dereinst reif sind,
endlich ewig zu leben;
ja durch den Frieden,
den du gibst,
spüren wir jetzt schon,
dass unsere Schmerzen
nicht ausweglos sind.

Wenn du den Frieden gibst,
gibst du uns die Hoffnung,
dass nichts von dem,
was uns auf dieser Welt freut,
verschwinden wird,
sondern dass unsere Freude
einst vollkommen sein wird;
ja durch den Frieden,
den du gibst,
lernen wir jetzt schon,
gelassen zu sein
und vergänglichen Freuden
nicht nachzutrauern.

Wenn du den Frieden gibst,
dann gibst du uns einen Vorgeschmack
jener ewigen Freude,
die uns einst erwartet;
ja durch den Frieden,
den du gibst,
ahnen wir jetzt schon
das Freudenfest,
das es geben wird,
wenn all unsere großen
und kleinen Freuden,
die wir jemals erlebten,
dereinst hineinexplodieren
ins Feuerwerk deiner Liebe.

Ich höre den Ruf

1.
Unruhig sind unsere Hände,
bis uns der, der sie uns gab,
zuletzt an der Hand nimmt
und sagt: Komm!

Komm, sagt der Vater.
Komm, mein Kind, komm!

Und ich höre den Ruf
und bin erfreut –
und bin erschrocken.

Darf ich wirklich?, frage ich.
Darf ich wirklich kommen,
so wie ich bin?

Du hast uns Hände gegeben,
damit wir sie bewegen,
damit wir mit ihnen
wirken und weben,
schaffen und gestalten
und sie am Ende
schließen und falten
zum letzten Gebet.

Aber was habe ich getan
mit meinen Händen –
war es das Rechte?

Komm!, sagt der Vater.
Ich habe dir Hände gegeben,
die zupacken konnten,
kräftige Hände
und schöpferische Hände.

Du hast mit ihnen gearbeitet,
hast Menschen umarmt,
ihre Hand gedrückt und ihnen
Kraft und Freude gegeben.
Komm, mein Kind, komm!
Geh ein in die Freude!

2.
Unruhig sind unsere Augen,
bis sie uns der, der sie uns gab,
einst behutsam schließt
und unseren Blick
ins Unendliche weitet.

Komm, sagt der Vater.
Komm, mein Kind, komm!

Und ich höre den Ruf
und bin erfreut –
und bin erschrocken.

Darf ich wirklich?, frage ich.
Darf ich wirklich kommen,
so wie ich bin?

Du hast uns Augen gegeben,
damit wir sie offen halten
für die Not der andern
und dich nicht übersehen,
wenn du auf vielfache Weise
zu uns kommst.

Aber was habe ich getan –
war es das Rechte?

Komm, sagt der Vater.
Komm, mein Kind, komm!
Geh ein in das Licht!

3.
Unruhig ist unser Herz,
bis es zu guter Letzt
in dem ruhen darf,
für den es ein Leben lang glüht.

Komm, sagt der Vater.
Komm, mein Kind, komm!

Und ich höre den Ruf
und bin erfreut –
und bin erschrocken.

Darf ich wirklich?, frage ich.
Darf ich wirklich kommen,
so wie ich bin?

So wenig vollkommen,
so unfertig und so ärmlich,
mehr suchend als findend,
mehr versprechend als haltend,
stets mehr der Liebe bedürftig
als selber liebend –
darf ich wirklich?

Nimmst du mich, wie ich bin?
Nimmst du mein unruhiges Herz?

Komm, sagt der Vater.
Komm nur, du darfst.
Ich verwandle dein Herz,
ich schaffe es neu.

Wie der Hirsch nach der Quelle,
die seinen Durst löscht,
und wie der Vogel
nach dem Wind, der ihn trägt,
so hat sich dein Herz
stets nach mir gesehnt.

Nun ist die Sehnsucht zu Ende,
nun bist du am Ziel.

Komm, mein Kind, komm!
Geh ein in die ewige Liebe!

Wo alles Licht ist

Kein Schatten
bleibt
Schatten,
wo alles
Licht
ist.

Du gehst nicht zugrunde

Bedenke, o Mensch,
ehe du in Staub zerfällst,
dass du nicht nur Staub bist.

Du gehst nicht zugrunde,
wenn du stirbst,
sondern du gehst
zu deinem
Grund.

TYROLIA

www.tyrolia-verlag.at

Wilhelm Bruners
Niemandsland Gott
Gedichte und Meditationen

Seit über 50 Jahren beschreibt Wilhelm Bruners, Priester der Diözese Aachen, in Gedichten und Meditationen seine Suche nach Gott. Der profunde Bibelkenner erzählt, wie befreiend und erlösend Gott wirkt – und dass niemand ein Monopol auf ihn hat.

96 Seiten, Klappenbroschur
ISBN 978-3-7022-3433-1

Gottfried Bachl
feuer, wasser, luft, erde
neue psalmen

Beten ist schwierig geworden. Die überlieferten Texte gehen nicht mehr so leicht über die Lippen, neue Formen fehlen meist. In seinen zeitgemäßen lyrischen Texten gibt der Theologe und Poet Gottfried Bachl sein persönliches Gottesbild weiter.

56 Seiten, Klappenbroschur
ISBN 978-3-7022-3111-8